REVUE

DES

ÉTUDES GRECQUES

PUBLICATION TRIMESTRIELLE

DE L'ASSOCIATION POUR L'ENCOURAGEMENT DES ÉTUDES GRECQUES

(Reconnue établissement d'utilité publique par décret du 7 juillet 1869)

TOME XXIX, N° 131, JANVIER-MARS 1916

J. MATHOREZ

LES ÉLÉMENTS

DE POPULATION ORIENTALE EN FRANCE

PARIS

ERNEST LEROUX, ÉDITEUR

28, RUE BONAPARTE, VI°

1916

LES ÉLÉMENTS DE POPULATION ORIENTALE EN FRANCE

LES GRECS EN FRANCE DU XVᵉ AU XIXᵉ SIÈCLE

Sous l'effort du dernier assaut des Turcs, Constantinople tombait le 29 mai 1453. En trois jours et trois nuits, les vainqueurs transformèrent la ville en un désert horrible et sanglant. Byzance, la cité riche, immense et glorieuse était pillée et mise à sac; les défenseurs qui ne furent point passés par les armes furent emmenés pour être vendus comme esclaves.

Malgré massacres et pillages, les Grecs ne périrent point tous. Les uns, par des voies détournées, se dirigèrent vers les pays voisins : confiants dans les promesses de Mahomet II, qui leur avait garanti la vie sauve et la restitution de leurs biens, s'ils rentraient à Byzance avant le jour de la fête de saint Pierre, certains de ces fugitifs revinrent à Constantinople; mais, dès leur retour, on les exécuta. D'autres, au contraire, s'étant embarqués sur les galères vénitiennes et génoises, gagnèrent la haute mer, ils abordèrent aux rivages italiens, puis essaimèrent vers la France ou d'autres pays (1).

Durant les siècles qui s'étendent du jour de la chute de Constantinople à celui de la reconstitution du royaume hellénique, l'oppression turque fit toujours peser sur les Grecs un joug difficile à subir. A maintes reprises, des représentants

---

(1) G. Schlumberger, *Le siège, la prise et le sac de Constantinople par les Turcs en 1453*. Paris, 1914, p. 361.

nombreux de cette population d'opprimés ont abandonné leur ancienne patrie et se sont retirés en France ; dans plusieurs circonstances, les Grecs, las de vivre sous la domination ottomane, ont tourné vers nos rois de suppliantes mains. Comme les autres infortunés de quelques pays d'Europe, proscrits ou révoltés hellènes ont toujours trouvé dans le royaume de France une aide et un appui efficaces, jusqu'au moment où, libres enfin de regagner leur ancienne patrie, les Grecs ont pu reconstituer leur nation.

Pendant ces siècles d'oppression, la France a reçu des fugitifs grecs : dans l'armée, dans l'Université, dans le négoce, on rencontre de nombreux Hellènes, dont les uns se sont définitivement fixés sur notre sol tandis que d'autres n'y apportèrent qu'un élément passager d'activité économique ou intellectuelle.

*
* *

Constantinople était à peine au pouvoir des Turcs depuis quelques mois, que de nombreux réfugiés grecs s'étaient fixés en France, où ils vécurent des pensions que leur distribuait Charles VII. Les registres de comptes de la gendarmerie du roi décèlent les libéralités du souverain à l'égard de ces fugitifs. Il ressort de ces comptes que Nicolas Condos, Emmanuel Paléologue, Georges Ducas, Nicolas Macedos, Emmanuel Phrangopylos recevaient des dons et des pensions. Andronic Jagaris, Georges Bicas, Georges Phaphilos et maints autres, dont les noms sont plus connus, participaient aux largesses de Charles VII. Georges Paléologue, neveu du feu empereur de Constantinople, recevait « LXVIII l. XV s., » en compassion de sa pauvreté et parce qu'il avait tout perdu lors de la « prinse » de Constantinople. Pour les mêmes motifs Lascary — Lascaris — homme d'armes, Sabbas Constantinus, Georges Brana étaient portés sur la liste des faveurs royales. Ces dons commencent à être distribués dès l'an 1454 ; ils se perpétuent durant de longues années. Le 11 juin 1471, « Danciano Vol-

legoshano et Jehan Rogaris des pays de Grèce » reçoivent
« xxvii l. xi s. pour avoir leurs nécessitez passant chemin, en
pitié de ce qu'ilz ont tout perdu à la prinse de Constantinople » (1).

Ainsi, par les secours qu'ils distribuaient à ces malheureux
proscrits, Charles VII et Louis XI leur permettaient de subve-
nir aux nécessités les plus pressantes, en attendant qu'ils
fussent à l'abri de la misère. De ces Grecs, les uns entrèrent
dans la milice française, d'autres s'adonnèrent au commerce
ou se réfugièrent auprès des membres des grandes familles
impériales qui s'étaient retirées en France après la chute de
Constantinople ou s'y étaient déjà fixées à la suite d'unions
matrimoniales antérieures à cet événement.

Dans son histoire des familles byzantines, Du Cange a réuni
la majeure partie des documents anciens sur la généalogie et
l'existence des augustes exilés qui se réfugièrent dans les pays
occidentaux et s'établirent dans quelques-unes des provinces
constituant la France actuelle : aussi, sur les Comnène de
Savoie, les Ange du Nivernais ou les Paléologue n'est-il pas
nécessaire d'insister ici ; qu'il suffise de dire que partout ces
réfugiés trouvèrent un accueil digne de la situation prépondérante que leurs familles avaient occupée à Byzance (2).

La renommée des familles impériales avait toujours été con-
sidérable en Orient. Aussi était-ce un usage chez les Grecs
de placer avant le nom de leur propre famille le nom de celles
plus illustres auxquelles ils se glorifiaient d'être alliés ; cette
coutume explique d'ailleurs le très grand nombre de Paléologue, de Cantacuzène ou de Lascaris que l'on rencontre
durant plusieurs siècles (3). Cet usage n'était pas seulement
répandu en Orient, il avait passé en Occident ; lorsque Guil-

---

(1) Bibl. Nat., *mss. français*, n° 32511. Dans les extraits de comptes qui com-
posent ce manuscrit, on relève quantité de noms d'immigrés grecs pensionnés.
Les renseignements que l'on possède sur eux se réduisent presque toujours à
une simple mention de leur nom.
(2) Du Cange, *Familiæ byzantinæ*. Paris, 1680.
(3) *Ibid.*

laume III, comte de Vintimille, épousa Eudoxie Lascaris, fille de Théodore, ses descendants adoptèrent le nom de l'illustre famille grecque; il en fut de même dans la branche cadette des comtes de Brigue issue de cette alliance. C'est de cette double descendance que sont issus les Lascaris multiples qui, en France, furent évêques, amiraux ou hauts dignitaires de la cour (1).

Ainsi paré d'un surnom illustre, arriva à la cour de Louis XI un Grec qui joua en France un rôle important : il s'appelait Georges Bissipat Paléologue.

Georges Bissipat Paléologue fut l'un des réfugiés hellènes les plus notoires du xve siècle. Le roi utilisa maintes fois ses services comme soldat ou comme marin. Bissipat, s'il perdit tout lors de la prise de Constantinople, eut vite fait de retrouver en France fortune et honneurs. En 1460, il figure dans un acte comme chevalier, conseiller et chambellan du roi, vicomte de Falaise; successivement il est nommé capitaine de Lisieux, d'Orbec et de la Toucque en Normandie. Les services qu'il rend personnellement ou avec les Grecs qui l'entourent et espèrent retirer pour eux-mêmes quelques faveurs sont suffisants pour lui mériter, en 1473, l'octroi d'un hôtel à Bordeaux (2). Quatre ans après ce don royal, Bissipat reçoit ses lettres de naturalité et entre dans la marine; c'est comme marin que Louis XI, se sentant gravement atteint, le charge, deux mois avant sa mort, d'une mission secrète aux îles Saint-Jacques du Cap-Vert. Le roi, malade, ayant appris que les grosses tortues de mer qui abondaient sur ces côtes avaient le pouvoir de guérir la lèpre, envoya Bissipat quérir « aulcuns remèdes nécessaires à sa santé et dont il ne vouloit point qu'il fût parlé (3) ».

(1) Des Lascaris furent évêques de Riez : Marc de 1466 à 1490, Antoine de 1490 à 1523 et de 1532 à 1546, Thomas de 1523 à 1526. Claude Lascaris fut vice-amiral de Savoie. Gaspard fut évêque de Carpentras au xviie siècle; son frère, Charles-Antoine Lascaris, épousa Laure, fille de Camille de Caix. Douze enfants naquirent de cette alliance.

(2) Renet, *Les Bissipat du Beauvoisis*, dans le Bull. de la Soc. acad. de l'Oise, t. XIV, p. 31.

(3) De la Roncière, *Histoire de la marine française*, t. II, p. 369 et suiv.

Après avoir été naturalisé, Georges de Bissipat avait épousé Marguerite de Poix; de cette union naquirent trois enfants, Georges, Antoinette et Guillaume de Bissipat (1). Ce dernier connu sous le nom du chevalier de Hannaches passait pour un gentilhomme accompli. Il cultivait les lettres; un poète du temps écrivait de lui :

> . . . . . . plume dorée
> Avoit en main, digne d'estre adorée.
> De sa façon gaillarde est demourée
> Mainte escripture, aussi bien labourée
> Que jamais fusse .. .. (2).

La carrière de Guillaume Bissipat fut courte : il fut tué au siège de Bologne, et sa mort fut pleurée par les poètes. En 1528 parut une *Complaincte sur le trépas du saige et vertueux chevalier feu de bonne mémoire Guillaume Byssipat, en son vivant seigneur de Hanaches, vicomte de Falaize et l'ung des gentilshommes de l'hostel de très victorieux roy Louis XII* (3). La postérité des Bissipat tomba en quenouille : ils n'eurent que des filles qui s'allièrent à de vieilles familles françaises.

Jusqu'à l'avènement de Charles VIII, les Hellènes qui combattirent dans les rangs de la milice française ne constituèrent pas un corps spécial : c'étaient des volontaires qui demandaient au métier militaire de les assurer contre la misère, voire même de leur permettre de parvenir à de hautes situations. Vers la fin du xvᵉ siècle, on constitua un corps de cavalerie albanaise qui compta dans la milice française. C'est probablement Charles VIII qui, ayant constaté pendant la bataille de Fornoue, que la cavalerie albanaise au service de la République

---

(1) Georges de Bissipat, fils de Bissipat et de Marguerite de Poix, eut une fille Antoinette, qui épousa Gobert d'Aspremont. Antoinette, sœur de Georges, épousa Guillaume d'Aumale. Guillaume de Bissipat eut aussi une fille, Hélène, qui devint la femme de Jean de la Mark.

(2) *Complainte sur le trépas*, etc.

(3) Cette complainte parut en 1528 dans les *Illustrations des Gaules et singularites de Troyes*, son auteur, Guillaume Chrestien, était trésorier de la Chapelle du Boys de Vincennes et Chapelain ordinaire de Louis XII.

de Venise formait un corps d'éclaireurs remarquables, essaya de recruter pour son armée quelques pelotons d'Albanais. Toutefois le fait n'est pas certain. C'est seulement sous le règne de Louis XII qu'apparaissent dans les armées royales des régiments d'*estradiots* ou de *stradiots*. Philippe de Commines nous a laissé quelques détails sur ce corps de cavalerie légère. « Estradiots, écrit-il, sont gens comme génetaires, vêtus à pied et à cheval comme Turcs... ils étaient tous Grecs, les uns de Naples, de Romanie en la Morée, d'autres d'Albanie (1) ». Ces cavaliers armés d'un cimeterre et le chef orné d'un turban constituaient, sous Louis XII, un corps particulier fort d'environ deux mille hommes. Sous la conduite de messire Mercure Bua, Albanais, ces Grecs prirent part à diverses expéditions en Italie et, notamment, à celle que le roi entreprit pour châtier les Génois révoltés ; ils combattirent aussi dans d'autres circonstances aux côtés des Français. Au cours du xvi° siècle, les *estradiots* figurent encore dans les rangs de l'armée royale : parlant de Fontenailles, Brantôme et Montluc lui donnent le titre de colonel général des Albanais au service du roi. Lors de la bataille de Coutras, le duc de Joyeuse disposait contre le Béarnais d'un escadron d'Albanais : d'Aubigné, qui rapporte le fait, est le dernier des mémorialistes mentionnant la présence de ces troupes parmi les armées françaises : il semble qu'elles disparurent au cours du dernier quart du xvi° siècle.

Les mercenaires au service de la France, Suisses ou reîtres, les volontaires qui ont combattu sous nos drapeaux, les Irlandais par exemple, ont tous laissé des traces de leur passage dans la population française. Il est à présumer que certains de ces Grecs formant les régiments d'*estradiots* se sont eux aussi établis en France ; ils n'auraient d'ailleurs fait que suivre l'exemple de divers hommes d'armes qui sollicitèrent de François Ier la qualité de Français. Plusieurs de ceux qui étaient

---

(1) P. Daniel, *Histoire de la milice françoise.* — *Chronique de Jean d'Auton,* édition de la Société d'histoire de France. Voir aux mots : *Grecs, Albanais.*

alors dans le royaume obtinrent des lettres de naturalité Jean
de Corregon, placé sous les ordres du grand écuyer et au service du roi depuis vingt ans, fut naturalisé en 1534. Dimitri
Daugreca, archer des ordonnances sous Monsieur le Grand
Maître, résidant à Solignac près Issoire, Thomas de Thoé,
homme d'armes de la compagnie du duc de Guise, Diomèdes
le Grec au service du duc de Tende tinrent de François Ier
des lettres de naturalité (1).

La complaisance de François Ier à l'égard des étrangers, de quelque pays qu'ils vinssent, ne s'étendait pas aux
seuls hommes d'armes ayant combattu pour la France ; il
octroyait des lettres de naturalité à quiconque lui paraissait
bien disposé à le servir. Dimitrius Paléologue ou, comme on
l'appelle parfois, Dimitre Païllogues, ayant rempli diverses
missions à Venise, en Flandre, en Provence, fut nommé som-
melier de paneterie du roi et autorisé à acquérir et posséder
tous biens meubles et immeubles dans le royaume.

Souverain guerrier, François Ier accordait des faveurs aux
hommes d'armes ; prince ambitieux et toujours tourmenté du
désir de conquêtes nouvelles, François Ier octroyait des dons
généreux à ses ambassadeurs, qu'ils vinssent d'Espagne comme
Rincon, d'Italie comme Fregoso, de Grèce comme Paléologue
ou Lascaris ; roi chasseur, François Ier s'intéressait à tous ceux
qui lui vendaient hallecrets, oiseaux de proie dressés, chevaux
superbes ou armes habilement travaillées. Les Deufterono —
Desterego, d'Estereno — établis fauconniers et marchands
d'oiseaux, étaient fournisseurs royaux. Marin Deufterono,
plus communément désigné sous le nom de Marin, était pour-
voyeur du roi qui lui achetait sacres et sacrets pour Monsieur
de Lorraine. Les dons que François Ier fit à ce Grec témoignent
de la faveur dont il jouissait auprès de lui. Il est vrai que, pour
complaire au souverain, Deufterono se rendait parfois en Orient

(1) *Catalogue des Actes de François Ier*, cf. les noms cités et les mots *Naturalité*
et *Grecs*.

chargé d'acquérir des oiseaux dignes des personnes que François Ier honorait de ses présents.

Si des Grecs de tous rangs obtenaient des lettres de naturalité et s'infiltraient dans la nationalité française, qu'ils fussent hommes d'armes, ambassadeurs, descendants de ces brodeurs que Louis XI avait établis à Tours en même temps que les fabricants de soie d'origine italienne, ou simples commerçants chargés de fournir le roi, des femmes aussi s'établissaient en France. Marguerite du Levant, Grecque d'origine et femme de chambre de la dauphine, était autorisée à acquérir dans le royaume tous biens meubles et immeubles. Deux Grecques, Catherine, séduite par un chevalier de Saint-Jean de Jérusalem, et Diane, qu'avait débauchée le prêtre Louis Giguet, réclamaient et obtenaient du roi la légitimation de leurs enfants (1).

Ainsi, depuis près d'un siècle, proscrits de Constantinople, exilés volontaires fuyant un pays occupé par le Turc, hommes ou femmes en quête de moyens d'existence trouvaient en France l'hospitalité. Déjà, ils avaient jeté dans le royaume les fondements d'une colonie grecque qui devait s'accroître avec les années. Comme ses prédécesseurs, le roi chevalier avait protégé les Hellènes réfugiés dans son royaume : comme eux également, mais avec plus de largeur de vues, peut-être, il accorda son appui à quelques autres Grecs dont la présence en France n'a pas été sans contribuer à l'éclat de son règne.

Parmi les Grecs qui avaient réussi à s'enfuir de Constantinople, on comptait des savants et des érudits. Certains se retirèrent en Italie où la libéralité du cardinal Bessarion leur assura l'existence matérielle. De ces réfugiés, plusieurs, leur protecteur étant mort, abandonnèrent la péninsule et notamment Florence, que rendaient inhabitable aux intellectuels les prédications du fougueux Savonarole. Charles VIII s'attacha quelques-uns de ces Grecs. Ils étaient attirés par la renommée

____

(1) Sur tous ces Grecs, cf. *Catalogue des Actes de François Ier*, v° *Grecs*.

du souverain français, la présence en France de compatriotes qui avaient réussi à se créer des situations honorifiques ou lucratives dans l'armée ou dans les lettres.

Vers le milieu du xve siècle s'était formé à Paris un groupe d'érudits grecs, les uns itinérants, les autres stables ; cette colonie s'accrut jusqu'à la fin du règne de François Ier à raison des faveurs qui furent octroyées aux érudits par Charles VIII, Louis XII et le *Père des lettres.* L'histoire d'une nationalité n'est pas faite seulement de l'histoire des habitants d'un même pays ; elle est également constituée par celle de l'influence intellectuelle et morale qu'ils ont exercée à l'extérieur ou subie de la part des étrangers fixés parmi eux. Aussi doit-on rappeler les noms des principaux membres de cette colonie grecque qui développa en France le goût des études helléniques. La plupart de ces Hellènes n'ont pas fait souche en France ; mais ils ont joué un rôle intéressant dans l'histoire du mouvement intellectuel français.

Si Bessarion accueillait favorablement les réfugiés grecs de Constantinople qui travaillaient à réunir pour lui les manuscrits de ses collections, ils pouvaient compter en Italie sur d'autres sympathies. Le célèbre humaniste François Filelfe de Tolentino s'était constitué le patron attitré des Grecs qui venaient chercher un asile en France. Sa générosité naturelle et sa haine pour les Turcs le poussaient sans doute à vouloir du bien à ces malheureux qu'il qualifie dans sa correspondance de « naufragés de Constantinople ».

Filelfe était lié d'amitié avec deux personnages influents de la Cour de France : Guillaume des Ursins, chancelier de Charles VII, et Thomas de Coron, médecin grec du souverain, celui-là même que les documents dénomment parfois Thomas Francos ou plus simplement Thomas le Grec. Dès l'année 1454, Filelfe recommande à Guillaume des Ursins les Grecs infortunés chassés de leur patrie ; puis, dans une seconde lettre, il réclame son appui pour Manuel Agallus et Manuel Hiagupe. Les lettres par lui adressées à Thomas de Coron

sont nombreuses. Pour Jean de Gavras, il sollicite quelques
marques de l'habituelle munificence royale; pour Nicolas Tra-
chaniotes et Alexandre Cananus, qui « vont de ville en ville quêtant la rançon de leurs parents captifs de Turquie », il demande
la bienveillance du roi. C'est encore à Thomas de Coron que
Filelfe recommandait Jean Argyropoulos à son départ pour la
France; mais le médecin du roi, mort à Lyon, au mois d'octobre
1456, ne devait jamais recevoir cette missive écrite postérieurement à son décès (1).

Charles VII et Thomas de Coron disparus, Filelfe s'adressa
à Louis XI en faveur de ses protégés : c'est ainsi qu'au mois de
juin 1469, il lui mandait d'accueillir avec amitié Georges Gly-
kis qui se rendait à Paris. La mort de Filelfe, comme celle de
Bessarion, dut être pleurée des Grecs exilés; car, en perdant ces
protecteurs, ils pouvaient craindre de perdre leurs meilleurs
appuis auprès des grands de ce monde.

Sur ces Grecs érudits qui venaient en cour de France mén-
dier quelques faveurs, on ne sait que peu de chose; on est
mieux renseigné sur certains autres qui enseignèrent à Paris
pendant quelques années. Sans avoir beaucoup marqué dans
l'Université, Grégoire Typhernas a cependant laissé un nom.
Sorti de l'Académie du Vatican, il arriva à Paris où, avec une
fierté toute grecque, il vint trouver le recteur de l'Université.
Sans préambule il lui déclara qu'il s'était rendu en France
pour enseigner les lettres grecques et recevoir les appointe-
ments que les saints décrets attribuaient aux professeurs. Bien
que surpris par ces manières un peu brusques, le recteur lui
donna satisfaction en l'autorisant à se livrer à l'enseigne-
ment (2). Comme Typhernas, Andronic Callistos s'établit quelque temps à Paris avant de gagner l'Angleterre (3). Callistos

(1) Émile Legrand, *Cent dix lettres grecques de François Filelfe. Publication
de la Société de l'École des langues orientales*, Paris, 1892. — François Filelfe,
Epistolarum Francisci Philelphi libri sexdecim, Paris, 1513.

(2) Sur Typhernas, cf. Guillet de Saint-Georges, *Histoire de Mahomet II*. Paris,
1681, p. 257 et s. Lefranc, *Histoire du Collège de France*, p. 24.

(3) Henri Omont, *Introduction au Catalogue des manuscrits grecs de la Bibliothèque royale de Fontainebleau*. Paris, 1889, p. VI.

était lié d'amitié avec Georges Bissipat, et c'est à lui qu'il recommanda chaleureusement Hermonyme de Sparte (1). Après diverses périgrinations, ce famélique personnage s'était établi à Paris, où on le rencontre en l'année 1478. Il faisait commerce de manuscrits grecs qu'il écoula à divers personnages notables, puis enseignait la langue et la littérature grecques. Il fut le maître de Budé et, s'il faut en croire le savant grammairien, il n'était pas excellent professeur. Dans sa correspondance, Budé se plaint qu'Hermonyme lui ait soutiré cinq cents écus d'or pour ne lui avoir montré que les rudiments de la grammaire grecque. Le séjour en France d'Hermonyme de Sparte fut d'assez courte durée; mais sa mémoire mérite toutefois d'être conservée; car une partie des manuscrits qu'il avait apportés avec lui a passé dans la collection royale des manuscrits grecs de Fontainebleau.

Lorsque les souverains français Charles VIII, Louis XII et surtout François I⁰ʳ entreprirent de réunir des manuscrits grecs, il se créa à Fontainebleau un groupe d'érudits hellènes dont l'existence nous est mieux connue que celle de ces savants itinérants qui, de Rome à Paris et de Paris à Londres, allaient quêtant quelques leçons rémunérées.

Le plus célèbre des savants grecs attachés à la cour de France est Jean Lascaris. Quand Charles VIII triomphant arriva en Italie, Lascaris était las de vivre à Florence, où Savonarole prêchait le renoncement aux joies du monde, si pures qu'elles soient; il s'attacha au jeune souverain et continua à servir Louis XII et François I⁰ʳ. Maintes fois, ce dernier roi le chargea de missions diplomatiques en France ou en Orient; mais son principal titre de gloire est d'avoir été un collaborateur précieux du *Père des lettres* pour l'acquisition de manuscrits anciens. Lui-même, il parcourait le Levant pour réunir les pièces rares; par des agents spéciaux il se procurait des manuscrits grecs qui constituèrent ou accrurent le fonds royal de

(1) Henri Omont, *Georges Hermonyme de Sparte, maître de grec à Paris.* Extrait du *Bulletin de la Société d'histoire de Paris*, 1885, p. 7.

la collection de Fontainebleau. C'est dans le château que ces manuscrits étaient classés, collationnés, catalogués et étudiés par une pléiade d'érudits dont Lascaris dirigeait les travaux. Si Jérome Fondulo, Jean François d'Assola, Antoine Éparque, Constantin Palaeocapa profitaient des faveurs royales, ils contribuaient aussi à répandre le renom littéraire de François Ier.

Nonobstant présents et largesses, Jean Lascaris retourna mourir à Rome ; son fils Ange vint habiter la France, mais lui aussi repartit pour l'Italie après un séjour de quelques années. Aux côtés de ces érudits dont les travaux sont connus, il faut attribuer une place d'honneur à Ange Vergèce, ce calligraphe célèbre qui donna le modèle des caractères grecs fondus par Garamond pour le roi François Ier et enseigna à Jean Baïf la calligraphie grecque. Ange Vergèce, « Grec à la gentille main », reçut du roi maints présents magnifiques ; toutefois, comme Lascaris, il ne demeura pas en France. Au contraire, son fils Ange, né en Crète, passa son existence entière dans le royaume : arrivé très jeune en France, il mourut à Coutances en 1573. Sa vie fut toute consacrée aux lettres ; il était chargé de la conservation de la bibliothèque de Fontainebleau et y guidait dans leurs travaux Jacques Diassorinos et Constantin Palaeocapa. Lié d'amitié avec Jodelle, Jean-Antoine Baïf, Turnèbe, il collabora avec eux à la rédaction de divers « tombeaux ». Ronsard l'honorait de son affection, et c'est le grand poète qui, lors de la mort de Vergèce, résuma sa carrière dans l'épitaphe connue commençant par ces vers :

> Crète me fit, la France m'a nourri ;
> La Normandie icy me tient pourri.
> O fier destin qui les hommes tourmentes,
> Qui fais un Grec à Coutances périr.... (1)

On ne saurait mettre en doute l'influence qu'exercèrent sur les lettres et la culture françaises ces savants grecs exilés de

(1) Émile Legrand a cité l'épitaphe tout entière dans la notice sur Ange Vergèce (*Bibl. hellénique*, t. I, p. CLXXXVI).

leur ancienne patrie; s'ils trouvèrent en France un asile, des
protecteurs et des amis, ils contribuèrent à développer dans le
royaume le goût des lettres anciennes. Les souverains qui, pendant un siècle, se sont succédé sur le trône ont pensionné les
érudits; ceux-ci ont à leur tour jeté sur le règne de leurs protecteurs un lustre particulier : c'est à ces savants venus des
diverses parties de l'Europe que François Ier a dû une partie de
ce qui lui valut sa renommée, son titre de *Père des lettres* (1).

Les Deufterono, qui avaient capté la confiance de François Ier,
avaient acquis à sa cour une notoriété à laquelle ne parvinrent
pas tous les Grecs qui, comme négociants, industriels ou simples
artisans, s'établirent dans le royaume durant quatre siècles.
Comme beaucoup d'émigrés appartenant à d'autres races, les
Hellènes ont toujours trouvé bon accueil en France quand ils
se sont adonnés au commerce (2).

Déjà au xve siècle, Louis XI avait établi quelques-uns d'entre
eux comme brodeurs à Tours, lorsqu'avec l'aide d'ouvriers italiens il s'efforça de développer dans cette ville l'industrie de la
soierie (3) : au début du xviie siècle, Marie de Médicis, soucieuse
de satisfaire ses goûts pour les broderies orientales, créait à
Paris un atelier de brodeurs et de brodeuses qui tissaient pour
elle de riches étoffes. Dans cet atelier, deux Grecques ouvraient
des soies pour la reine. L'une, Adrienne Téodorant, après
avoir abrité sa jeunesse chez les sœurs de Sainte-Ursule, épousa,
en 1617, un fourrier des logis de la reine Anne d'Autriche
nommé Jean Guillot ; l'autre, Marguerite Thamany se retira du
siècle et termina ses jours comme carmélite (4).

De tous temps les brodeurs orientaux ont joui en France

---

(1) Sur les érudits grecs du xvie siècle, les détails sont nombreux dans la *Biblio-graphie hellénique*, de E. Legrand.

(2) *Catalogue des Actes de François Ier*, t. VIII, Actes 29678, 29479, 29794, 31326, 32442.

(3) Francisque Michel, *Recherches sur les étoffes de soie*, Paris, 1852, 2 v. in-8°, t. I, p. 278-280.

(4) L. Battifol, *Marie de Médicis et les Arts* dans la *Gazette des Beaux-Arts*, 1906, p. 242.

d'une grande réputation : on admirait l'ingéniosité de leurs dessins et la richesse de coloris de leurs travaux. Il semble, d'ailleurs, que le goût naturel et les aptitudes des habitants de la Grèce aient conduit quelques-uns d'entre eux à diriger leur activité vers les recherches concernant les matières tinctoriales et les colorants. Au xviiiᵉ siècle, ils avaient acquis dans ces travaux une habileté consommée, et les industriels français les employaient volontiers dans leurs manufactures. A Saint-Chamond, le sieur Flachat, ayant construit un moulin où, pour moudre la garance, il utilisait des procédés employés dans le Levant, avait installé des ateliers pour quelques ouvriers turcs qu'il avait ramenés de ses voyages. Dans une lettre adressée à Trudaine, Flachat sollicitait une subvention annuelle pour payer les frais de voyage de ces Ottomans et en dédommagement des sommes déboursées pour attirer en France des ouvriers grecs. Dans un rapport, daté de la fin de décembre 1759, il réclamait 350 l. pour deux Grecs qu'il avait employés, mais qui étaient partis. Antérieurement, six autres Grecs travaillant pour lui avaient gagné Paris ; mais, comme ces ouvriers étaient habiles dans l'art de teindre les étoffes en garance, il demandait la faveur d'en faire venir quelques autres, à condition d'être déchargé des droits de douanes sur la racine d'alizari (1). En pleine période révolutionnaire, d'autres Grecs étudiaient la teinture des étoffes : en 1792, Dino Stephanopoli réclamait du gouvernement une récompense pour avoir découvert un procédé substituant dans la teinture en noir l'écorce du chêne à la noix de galle.

Les Hellènes sont les dignes descendants d'Ulysse : ils ont toujours aimé courir sur la mer glauque. En Provence, beaucoup étaient patrons pêcheurs ou armateurs : ce n'est pas seulement à Marseille qu'on les retrouve ; ils « s'habituaient » parfois dans des petits ports de la côte, témoin « Georges Donnat, Grec de nation, habitué et marié à Jeanne d'Antoserre

(1) Arch. Nationales, F¹² 1330.

dans ce lieu de Cassis », qui fut inhumé dans l'église de cette
ville le 28 mai 1692 (1).

Avec les ressources multiples qu'offrait aux négociants une
ville comme Marseille, où se traitaient la majeure partie des
affaires avec les échelles du Levant, des courtiers, des com-
missionnaires, des exportateurs grecs eurent de tout temps de
nombreuses facilités pour développer leur ingéniosité commer-
ciale. Ce fut principalement sous le ministère de Colbert qu'il
fut loisible à tous les Orientaux subtils de se fixer dans cette
cosmopolite cité. A la suite de diverses mesures financières
prises par les Marseillais, les navires étrangers avaient peu
à peu déserté leur port et se rendaient de préférence à
Livourne. Colbert, s'en émut et décida en 1669 de transformer
en port franc le port de Marseille ; en même temps il s'efforça
d'attirer dans cette ville le plus grand nombre possible de
forains : « pour convier les étrangers de fréquenter le port de
Marseille, même de venir s'y établir, voulons et nous plait que
les dicts marchands étrangers y puissent entrer par mer,
charger et décharger et sortir leurs marchandises sans payer
aucuns droits, quelque séjour qu'ils y aient fait et sans qu'ils
soient sujets au droit d'aubaine, ni qu'ils puissent être traités
comme étrangers ». Non content d'exempter de toutes finances
les forains qui venaient se fixer à Marseille, Colbert stipulait
que sous certaines conditions d'habitat, d'acquisitions d'immeubles ou de mariage avec des Françaises, les étrangers
seraient « réputés bourgeois d'icelle ville et rendus participants
de tous droits, privilèges et exemptions ». Par suite de l'appli-
cation de ces mesures, les Arméniens, les Chofilins revinrent en
masse trafiquer à Marseille; des Grecs également s'établirent
dans la ville et constituèrent les premiers éléments d'une
colonie qui s'accrut avec les années. Tous les Grecs ne réali-
saient pas des fortunes ; mais on ne laissait pas tomber dans
la misère ceux qui n'avaient point réussi. La Chambre de

(1) Arch. Mun. de Cassis, G. G. 3.

commerce de Marseille leur accordait des secours, de même qu'elle distribuait des subsides à ceux d'entre eux qui avaient rendu des services à la ville : c'est ainsi, par exemple, qu'une délibération de 1762 nous apprend que, depuis vingt ans, elle octroyait « pour des raisons particulières » une rente spéciale à un Grec nommé Mougailas (1).

Les Grecs qui s'étaient abrités en France au xvi⁰ siècle y avaient trouvé de chaleureuses sympathies ; ils ne subissaient plus le joug pesant des oppresseurs ottomans. Au contraire, ceux qui étaient demeurés dans leur ancienne patrie souffraient mille maux de la part des Turcs. Beaucoup, après la prise de Constantinople, s'étaient retirés dans la région du Maïna ; ils s'accommodaient mal de leur situation de vaincus et d'annexés. Aussi, tentèrent-ils, au début du xvii⁰ siècle, de rendre à leur pays son ancienne liberté. Vers l'an 1612, les chefs de ces familles maïnotes commencèrent à s'agiter ; ils organisèrent des sociétés secrètes qui envoyèrent des émissaires à Chio, en Morée, dans l'Archipel, afin de répandre la haine du musulman et de fomenter des insurrections. En même temps, les Maïnotes dépêchaient vers le roi de France quelques-uns des leurs ; ils sollicitaient la protection de notre gouvernement contre les Turcs. Le roi de France n'était-il pas en effet le descendant de Charles VIII, à qui, par acte notarié passé à Rome, le 6 septembre 1494, André Paléologue avait vendu tous ses droits sur le trône de Constantinople : (2) Mais, engagé dans la lutte contre la maison d'Autriche, le gouvernement français ne se souciait pas d'entreprendre une nouvelle croisade. Les représentants des Maïnotes se tournèrent alors vers le duc de Nevers, Charles de Gonzague (3). Descendant d'Andronic le

(1) Arch. dép. des Bouches-du-Rhône, C 2498.

(2) Foncemagne a publié l'acte de cession dans les *Mémoires de littérature de l'Académie des Inscriptions et Belles-Lettres*, t. XVII (1751), p. 572.

(3) Sur cette entreprise, cf. Berger de Xivrey, *Mémoire sur une tentative d'insurrection organisée dans le Magne* de 1612 à 1619 ; *Bibl. de l'École des Chartes*, t. II (1841), p. 532 ; Fagniez, *Le père Joseph et Richelieu*, t. I, p. 120 ; De la Roncière, *Histoire de la Marine française*, t. IV, p. 412 et suivantes.

vieux en ligne directe, ce grand seigneur avait droit au nom de
Paléologue et, pour tous les Hellènes, il était l'empereur de
Constantinople. Charles de Gonzague s'intéressa à l'entreprise
des Grecs, il suscita des enthousiasmes, réunit des subsides,
arma une flotte, enrôla des troupes. Le Père Joseph, qu'intéres-
saient vivement toutes les questions relatives à l'influence française dans le Levant, se fit le chantre de l'entreprise et célébra
dans sa *Turciade* la nouvelle croisade.

Au mois de septembre 1617, était définitivement constituée
la *Milice chrétienne*; elle devait refouler les Turcs hors
d'Europe, reprendre Constantinople et sur le trône relevé
asseoir l'empereur désigné. Une série d'événements graves ne
permit pas au duc de Nevers de s'engager dans l'expédition
projetée ; la milice chrétienne fut dissoute ; les navires demeu-
rèrent ancrés dans les ports, et, n'étant pas appuyés, les Maïnotes renoncèrent à leurs rêves d'indépendance ; leurs illusions
s'évanouirent, et Byzance resta aux mains des Turcs.

Leur oppression sur les Hellènes d'ancienne origine devint
si intolérable, que, soixante ans après l'anéantissement des
projets qu'avaient caressés leurs pères, certains chefs de
familles puissantes résolurent de s'expatrier définitivement.
Après la prise de Candie par les Turcs, la Morée, notamment
la partie voisine de l'île, put être regardée comme conquise par
les Ottomans. Quelques dirigeants de la région, ne comptant
pas sur les secours étrangers pour chasser les mahométans et
faire revivre l'ancien empire byzantin, résolurent d'abandonner
leur pays. La famille Stephanopoli jouissait dans le Magne
d'une situation prépondérante : ce fut elle qui, d'accord avec
des descendants des Comnènes, décida les Grecs à s'exiler vers
des pays moins troublés. Des députés furent envoyés à Gênes
afin d'obtenir du Sénat une terre d'asile où pussent se retirer
les exilés volontaires ; après quelques semaines de pourpar-
lers, il fut décidé que les Maïnotes émigrants seraient installés
en Corse, dans la partie de l'île de beauté appelée Pavonia.
En l'an 1676, sept cent quarante Grecs abandonnaient leur

patrie et s'établissaient en Corse. Leur industrie, leur habileté à cultiver la terre excitèrent la jalousie des habitants de l'île, et, lorsque ceux-ci se soulevèrent contre les Gênois, n'ayant pu obtenir que les Maïnotes se joignissent à eux contre leurs bienfaiteurs, ils saccagèrent leurs cultures et ruinèrent leur cité. Les Grecs se retirèrent à Ajaccio, beaucoup y prirent pied et s'allièrent aux familles de l'île, d'autres émigrèrent en France.

Lorsque la Corse passa sous la domination française les Grecs purent reconstituer un groupe indépendant. Le comte de Marbeuf, gouverneur de l'île, ayant obtenu du roi le marquisat de Cargèse concéda aux Grecs, de l'île une partie du territoire de cette localité. Aussitôt les descendants des premiers Maïnotes prirent possession de ce territoire et le remirent en valeur; mais ils n'en avaient pas fini avec le Corse vindicatif et envieux de leur prospérité; car, lors de la Révolution, les insulaires s'efforcèrent encore de les évincer. Cette fois, les Grecs comptaient dans l'île des amis et des alliés; seuls quelques-uns d'entre eux furent malmenés; à l'époque du Directoire, huit cents Maïnotes étaient encore fixés à Cargèse. Parmi eux on comptait des représentants des grandes familles byzantines des temps anciens : on rencontrait notamment des Comnènes; une jeune fille de ce nom épousa Junot et devint par la suite duchesse d'Abrantès. Dans ses *Mémoires*, la duchesse a consacré quelques pages émues à ses anciens compatriotes, les Comnène, les Stephanopoli, les Médicis; d'après elle, Napoléon Bonaparte aurait eu dans les veines du sang grec; car il comptait dans ses ascendances un Calomeros, fils de Constantin Comnène, qui, après avoir résidé en Toscane, revint s'établir en Corse et y fonda la famille des Bonaparte (1).

(1) Duchesse d'Abrantès. Les deux premiers chapitres des *Mémoires* de cette descendante des Comnènes sont consacrés aux Maïnotes et à leur histoire à Cargèse; cf. Patrice Stephanopoli, *Histoire des Grecs en Corse*, Paris, 1900. L'auteur de ce travail a publié la liste des Grecs émigrés, le contrat de transport pour le passage en Corse et le nom des Grecs qui s'y sont fixés postérieurement à l'année 1699.

Depuis le début du xixᵉ siècle, les Grecs de Cargèse ont vécu sans histoire. Leur colonie a prospéré et certaines familles nombreuses désirant améliorer leur situation matérielle, ont, après la conquête de l'Algérie, émigré dans la province de Constantine, où elles fondèrent le village de Sidi-Mérouan.

Lorsque Bonaparte débarqua en Égypte, une partie de la population accueillit comme un libérateur le général français. Cophtes, Syriens et Grecs qui vivaient sur le territoire des anciens Pharaons s'enrôlèrent dans son armée et prirent une part glorieuse aux combats qui amenèrent la conquête momentanée de l'Égypte. Lors des soulèvements et des insurrections du Caire, les Grecs marquèrent à Bonaparte une inébranlable fidélité ; sous les ordres de Barthélémy et de Joanni, ils contribuèrent à réprimer les révoltes suscitées par les émirs mahométans. Voulant, après la première insurrection du Caire, reconnaître le dévouement de ses alliés, Bonaparte, par un ordre du 6 brumaire an VII, nomma le Grec Nicolo Papas Oglou commandant d'une compagnie hellène organisée au Caire. Ce corps s'accrut à un tel point qu'à une certaine époque la légion grecque comportait 1.500 hommes (1).

Lors de l'évacuation de l'Égypte, Nicolo passa en France avec trois cents hommes environ ; ceux-ci formèrent le bataillon des chasseurs d'Orient qui, jusqu'à la fin de l'empire, servit sous les ordres de son premier chef. Au moment où les troupes françaises abandonnèrent l'Égypte, il ne fut pas possible à la majeure partie des Grecs qui avaient embrassé la cause française de demeurer au milieu d'une population absolument hostile. La plupart passèrent en France ; ils furent reçus à Marseille d'une manière fort courtoise. D'année en année le nombre de ces « réfugiés égyptiens » augmenta rapidement ; diverses mesures furent prises en leur faveur.

Tout d'abord, pour occuper et faire vivre les hommes valides, Bonaparte organisa le bataillon des chasseurs d'Orient ; par

(1) Doguerreau, *Journal de l'expédition d'Égypte*, publié par C. de la Jonquières.

arrêté en date du 17 nivôse an X (1), il décidait que « tous les individus, Grecs, Cophtes, Égyptiens, qui ont suivi l'armée française en Orient formeront un bataillon divisé en autant de compagnies qu'il y aura de fois quatre-vingts hommes ». Ce bataillon devait être organisé et soldé comme un bataillon d'infanterie légère. D'après le second article de l'arrêté, tous les officiers et les soldats devaient être nés en Orient, s'être battus avec l'armée française, l'avoir suivie dans sa retraite ou avoir fait partie des légions cophtes ou grecques au service de la république. Enfin, aux termes du troisième et dernier article de l'arrêté, un caporal fourrier interprète était attaché à chacune des compagnies.

Par cette organisation, Bonaparte donnait aux Grecs émigrés une occupation et le moyen de vivre honorablement. Mais, beaucoup de Grecs avaient quitté l'Égypte avec leurs parents, abandonnant leurs biens à la cupidité des musulmans. Il fallut pourvoir aux besoins de ces émigrants que Marseille et la Provence avaient recueillis. On décida d'octroyer des allocations journalières aux femmes et aux enfants; celles-ci, payables mensuellement, étaient généralement fixées à deux francs cinquante centimes par jour pour les chefs de famille et à une somme moitié moindre pour les enfants. Pour ceux qu'on n'avait pas compris sur les listes primitivement établies, des arrêtés spéciaux étaient pris, après enquête, pour déterminer le droit à l'allocation. L'examen de ces états et des documents financiers de l'époque révèle les noms de nombreux bénéficiaires grecs : les Aïdé, les Constant, les Cheftechi, les Sedarious, les Sakakini et maints autres, dont les descendants existent encore en France, figurent parmi les bénéficiaires de ces secours (2). Ces allocations furent payées pendant toute la durée du premier empire, et Louis XVIII ne renia point la dette contractée par son prédécesseur; mais en 1815, le chiffre des allocations se

(1) Arch. Nationales, AF⁴, 299.
(2) Polycarpe Kayata, *Monographie de l'Église grecque catholique de Marseille*, Marseille, 1901, p. 4 et suiv.

montait à une somme peu élevée; car, à l'imitation des Irlandais du xviiiᵉ siècle, nombreux étaient les Grecs et les Syriens qui avaient su se créer rapidement des situations lucratives.

Il est vrai que le gouvernement de l'Empereur donna aux réfugiés grecs le moyen de se tirer personnellement d'affaire. Aux uns, on accorda des bourses d'études pour leurs enfants (1); aux autres, qui étaient industrieux, on fit d'importantes commandes de fournitures pour les armées.

L'expédition d'Égypte a influé sur le développement des colonies orientales en France : Marseille et les villes du Midi ont recueilli le plus grand nombre de ces familles de réfugiés égyptiens, de même qu'elles donnèrent asile en 1817 aux Melchites grecs fuyant les persécutions des orthodoxes (2). Les paysages de la Provence, la clarté de son ciel, le voisinage de la Méditerranée, l'accueil favorable qu'elles trouvèrent en France et peut-être aussi de fort lointains souvenirs contribuèrent à retenir dans le pays ces nouvelles familles qui se sont depuis agrégées à la population française d'ancienne origine.

La colonie des Grecs uniates de Marseille était du reste suffisamment importante pour qu'en 1822, l'évêque de Myre, Maximus Maglum, fit construire pour eux l'église Saint-Nicolas de Myre. Ayant obtenu l'autorisation d'établir son domicile en France, ce haut dignitaire de l'église devint patriarche du culte hellénique et exerça ses fonctions jusqu'à sa mort survenue en 1855 (3). Moins heureux que leurs compatriotes du culte uniate, les Grecs orthodoxes qui avaient sollicité l'autorisation d'édifier une église consacrée à l'exercice de leur religion se virent refuser cette permission. Si l'on en croit le dossier de l'enquête effectuée par les soins du gouvernement, l'importance de leur colonie à Marseille était cependant suffisante pour justifier leur demande; mais les ministres

(1) Arch. Nat. AF⁴ 42, 238 et AF⁴ 13, 67.
(2) Polycarpe Kayata, *op. cit.*, p. 8 et suiv.
(3) Arch. des Bouches-du-Rhône, 32. V. I.

de Louis XVIII et de Charles X étaient trop attachés aux directions romaines pour tolérer pareille érection (1).

Avant de terminer cette rapide esquisse de l'histoire des Grecs en France, je dois rappeler le régiment albanais qu'avait constitué Napoléon Ier. Son existence se limite d'ailleurs à une période de sept ans, s'étendant de l'année 1807 à la chute de l'empire. Lorsque César Berthier prit possession des îles Ioniennes que le traité de Tilsitt nous avait données, il y trouva des milices d'Albanais, chassés par le pacha de Janina et qui s'étaient réfugiés à Corfou et dans les îles voisines. Berthier chercha à organiser ces troupes et à les soumettre à la discipline française ; mais, lorsque le colonel Minot prit le commandement de cette milice, il trouva les esprits des soldats irrités des dispositions ordonnées par Berthier. Aussi, d'accord avec le général Donzelot, successeur de Berthier comme gouverneur des îles, Minot s'efforça-t-il d'étudier chaque groupe d'Albanais pour former avec les meilleurs des corps de volontaires.

D'une part, il constitua un bataillon des Souliotes qui avaient déjà combattu dans nos rangs à Prévéza et Nicopolis : deux chefs, Botzaris et Fotto Tzavella, eurent le commandement de ces troupes qu'ils dirigeaient déjà. Par ailleurs, il forma avec les Grecs originaires de la Morée, de Parga, de Paramythia un second corps de volontaires. Ces deux formations ne prirent point part aux combats livrés par Napoléon sur le continent ; elles furent dissoutes lorsqu'en 1814 l'île de Corfou fut reprise par les Anglais. L'éducation militaire donnée aux chefs de cette milice albanaise ne fut pas sans utilité pour eux ; car la majeure partie des Grecs qui luttèrent pour l'indépendance de leur patrie avaient été des élèves de Minot et de Donzelot : au cours de la guerre contre les Turcs, ils mirent à profit les connaissances qu'ils avaient acquises ; aussi, en dehors de toute autre considération, les Français ont-ils légitimement le droit

____

(1) *Ibid.*, 128, V. ɪ.

de s'enorgueillir d'avoir servi les premiers la cause de la restauration hellénique (1).

Depuis la chute de Constantinople, qui marque la fin de l'empire byzantin, jusqu'à l'époque de la reconstitution de la Grèce moderne, la France a libéralement accueilli proscrits et réfugiés grecs en quête d'une patrie nouvelle. Loin de l'oppresseur turc, les Hellènes ont pu vivre librement sur notre terre hospitalière, pour la défense de laquelle ils ont parfois versé généreusement leur sang. Outre les affinités qui rapprochent de notre race latine les descendants des éducateurs des peuples de haute culture intellectuelle et morale, l'intimité constante qu'établit entre les nations la réciprocité des services reçus et rendus a certainement contribué à maintenir entre la France et la Grèce cette harmonie de rapports cordiaux que certains Hellènes éminents auraient sans doute souhaités encore plus étroits et plus amicaux.

J. Mathorez.

(1) Auguste Boppe, *Le Régiment albanais (1807-1814)*. Paris, 1902.

LE PUY-EN-VELAY. — IMPRIMERIE PEYRILLER, ROUCHON ET GAMON

148